M.S.S Project special

堕天使のレシピ

- 七つの大罪 -

KIKKUN-MK-II

Trickster age

Prologue

古に伝わりし漆黒の堕天使…。
再生と破壊が記録されし古の古文書、堕天使のレシピ…。
それは唯一無二の存在である。
しかしその古文書には続きの記録が存在していたのである。
秘匿され続けてきた創世の記録、
この世に再臨し、その闇の断片をここに示さん。

初めましての方は初めまして、二度の方は二度目ましてだ！ M.S.S Project の KIKKUN-MK-Ⅱ です。
今回ついに堕天使のレシピの続編本が完成致しました！ パチパチパチパチ。
まさか２冊目が発売されるなんて夢にも思いませんでした、嘘です。
前回の堕天使のレシピでは中二病なタイトル、割と簡単に美味しいオシャレ料理が作れる内容と、
僕の謎の写真どもが相まって、味のあるレシピ本として世に放たれました（笑）。
今回はそのパワーアップ版です！ ７つの項目に分かれた内容で、なおかつ簡単お手頃に作れる料理を
皆さんにお伝えしたいと思います。後は僕の謎の写真とか！ 爆裂に美味しい料理を皆さんと一緒に
共有できればなぁと思っておりますので是非是非チャレンジしてみてください！
そして今回、堕天使のレシピを手に取ってくれてありがとう！

contents

Cover Photo／HIDEMI Otsuka

堕天使のレシピ -七つの大罪-

0006　Prologue
0016　七つの大罪・七つの贖罪
0021　Atonement #01 SOYBEAN CURD
　　　刻まれし運命と宿命のダイス
　　　轟きうごめく白き大地
　　　英霊の会合 導きの涙
　　　ブリザードエンペラー
　　　白銀囲いし灼熱の宴
　　　ヘルシーが一番だと？　サバンナでも同じこと言えるのかよ!?
　　　純白の加護 女神の愛した景色
0033　Atonement #02 POTATO
　　　黄金纏いし地底の断片
　　　天からもたらされし白龍の涙
　　　クラッシュ・ヘブン
　　　眠りし大地の眷属
　　　白き麗しの泉
　　　天に灼かれし英雄の盾と剣
0045　Photo Session #01
0053　Atonement #03 EGG
　　　欲に溺れし真実の眼差し
　　　光隠されしドラゴンネイル
　　　魔力携えたるは覇王の衣
　　　クリエイト ゴッド ハート
　　　輝く星々の瞬き
　　　慈愛包まれし海の祝福
　　　業火に隠された創世の雫
0069　Photo Session #02
0073　Atonement #04 TOMATO
　　　煌めく紅玉の海
　　　断罪のデーモンルージュ
　　　古の錬金術 レッド・ゴーレム
　　　罪深き魂の封印
　　　旅人の旋律 夕焼けのハープ
　　　古に伝わりし浮遊マグマ大陸
　　　女神に抱かれし太陽の魂
0087　Photo Session #03
0097　Atonement #05 BREAD
　　　身を焦がす白き断片
　　　産声を上げし悪魔の悲鳴
　　　集結せし混沌の調律
　　　寵愛に眠る禁断の果実
　　　闇に開けし楽園の苗床
　　　金糸集めたるは古の石版
　　　囚われた魔人の約束

0111　Atonement #06 UDON NOODLE
　　　失われし宝玉の守護者
　　　乾きの四川龍
　　　白きマグマに復活の大蛇
　　　金箱に収められし重罪の宝
　　　封印されし太陽の熱風
　　　砕かれし地上の星々
　　　白銀の元に晒されし暗黒の事実
　　　天空雲を纏いし黄龍の煌き
0127　Photo Session #04
0135　Atonement #07 CHICKEN
　　　奏でるは福音 嵐翠の訪れ
　　　閉ざされし白銀の頂
　　　憤怒包まれし欲望の塊
　　　引き裂かれし運命の再会
　　　ラストエンハンスドラゴンズディナー
　　　掬い上げる一時の幸福
　　　天空雲を纏いし黄龍の煌き
0152　Guitar Player KIKKUN-MK-Ⅱ
0159　Epilogue

Photo／HIDEMI Otsuka

M.S.S Project

ニコニコ動画のゲーム実況で絶大なる人気を誇るエンタテインメント集団。2009年に結成し、メンバー全員が北海道札幌市出身。自分たちの音楽を伝える手段として、ゲーム好きの趣味性を活かしてニコニコ動画にゲーム実況を投稿し始めたのがブレイクのきっかけ。M.S.S Projectは Middle Second Sickness Projectを縮めたもので、「中二病企画」を当て字英語的に表現したものである。略称はＭＳＳＰ（エムエスエスピー）。いつまでも中二のハートを持ち続けることをコンセプトに音楽制作、トークを軸にさまざまなエンタテインメントにチャレンジしている。メンバーは、サングラスが象徴的なFB777（エフビースリーセブン）、長身イケメンのハイテンション男にして漆黒の堕天使KIKKUN-MK-Ⅱ（キックンマークツー）、般若面がトレードマークのあろまほっと、宇宙人的フォルムのeoheoh（えおえお）の4人。コンポーザーとしてMSSPの音楽制作の要となっているのがFB777、ギターアレンジを中心にMSSPの音楽に命を吹き込むのがKIKKUN-MK-Ⅱ。ゲーム実況でその持ち味を活かして活躍するのが、あろまほっととeoheohのふたり。現在までに、音楽アルバムは4作リリース中。2014年にはゲーム実況と音楽ライブを融合した前代未聞の単独ライブを赤坂BLITZ、渋谷公会堂で開催、2015年には全国6ヵ所のホールツアーを実現させた。その活動は音楽とゲーム実況にとどまらず、映画出演、レポーター、MC、小説執筆、料理、旅、写真とメンバーそれぞれが活躍の幅を広げている。

「TricksterAge」の連載企画から生まれた堕天使のレシピ第1弾、『M.S.S Project special 堕天使のレシピ-KIKKUN in kitchen-（ロマンアルバム）』。
KIKKUN-MK-Ⅱ著
A4変形オールカラー 160ページ
徳間書店　価格：1852円＋税

KIKKUN-MK-II

PROFILE
M.S.S Project所属の中二病ハイテンション男。時にはゲーム実況者…また時にはギタリスト…そして時には堕天使的料理人…それがKIKKUN-MK-Ⅱである。
M.S.S Projectの音楽制作ではギターアレンジを中心に作・編曲も行う。ライブにおいても、もちろんギターを担当。高校2年でギターを始め、当時のお気に入りはLUNA SEA。現在のフェイバリットはプログレメタル。Dream Theater、SYMPHONY X、CIRCUS MAXIMUS、SPHERIC UNIVERSE EXPERIENCE、SEVENTH WONDER、It Bites、A.C.Tなど。
2015年秋には、彼がアルバムに書き下ろした曲『M.S.S.Party』がドラマ『チア☆ドル』のOPに、さらに『Arrival of Fear』が2015年の秋アニメ『影鰐-KAGEWANI-』のテーマ曲になるなど音楽での活躍もめざましい。

Photo Session：撮影／大塚秀美
　　　　　　　　スタイリング／宇田川雄一
　　　　　　　　ヘアー＆メイクアップ／車谷 結（raftel）

漆黒の堕天使（黒＆白）：衣装制作／伊藤摩美
　　　　　　　　ヘアー＆メイクアップ／車谷 結（raftel）
　　　　　　　　撮影／大塚秀美

Atonement：撮影／浅野誠司、大塚秀美

Guiter Player：撮影／大塚秀美

七つの大罪 七つの贖罪

gluttony

豆腐

食す者に満足感を与えし白色の箱…。贖罪のホワイトボックスとしてあらゆる秘密を宿す…。その白さは、常に安堵感と確かな食感をもたらす…。ゆえに暴食（gluttony）の徒の最後の砦とも伝えられている。

豆腐の罪はなんといってもコストパフォーマンス。安いヤツだと1丁30円ですよ！「なんだその安さは！」という感じです。まさに最強戦士。カロリーは低いのに、身も詰まっているし栄養もあるし、どんな食べ方をしても美味しいです。火を通しても生でもいいのですが、最近自分のなかでハマっているのは"焼き"です。焼きはいいですね。「運命と宿命のダイス」は自分のなかでは代表作のひとつ。今回はさらに広げて断罪しようと思います。

wrath

ジャガイモ

時に脇に存在し、時に中心に存在せし者…。あらゆる存在感を救えその姿はまさに大地の守護者…。その身に宿したエネルギーはどのような激情（wrath）にみまわれても光の輝きで、すべてを浄化するのである。

ジャガイモのいいところ、これもコスパです。いくら買っても破産することもなく、たくさん食べることができるので、ひとり暮らしサバイバルにも有効です。すりつぶしてポテトサラダ、せん切りにしてポテトフライ、そのままだったらジャガバター。何でもできますし、メインディッシュにもつけ合わせにもなります。なかでもバターとの組み合わせは最強。洗ってそのままラップしてチンしてバターと塩としょう油をかけただけで、もう罪深い美味しさです！

pride

タマゴ

聖なる極鳥により、この世に生み出された珠玉の宝石…。しかし、高慢さ（pride）が災いし、その身は焼かれ、撹拌され続けている。そして今、救いを求めて姿を変えあらゆる地へ降り立つ…。

タマゴはすき焼きに欠かせないように、タレみたいに使うのもアリだし、火を通して固めて食べるのもアリだし、パンにつけても美味しい万能食材。タンパク質のかたまりなので、火を通すと固まります。トンカツができるのもフレンチトーストができるのもタマゴならでは。科学的な意味でも他の食材にはない特徴があります。料理の初心者が、ただ焼いただけの目玉焼きでも美味しいなと思えるのも、幸せポイントが高いです。ああ、タマゴって罪です。

envy　　　sloth　　　greed　　　lust

トマト　　　　パン　　　　うどん　　　　鶏肉

古よりこの世に伝わり、存在感を今もなお失う事はない罪なる存在。だがしかし…その本当の姿を知る者は少ない…。冷気による仕置き、煮込むことによる断罪、それぱかりが伝わる中で、嫉妬の炎（envy）による対処を人類は知る事になる…。

その姿を見かけない事など、まず有り得ない…。有史以来、常に人の生活の傍らにあり、大量に摂取されてきた代表的な存在である。当たり前ゆえに、つきまとう堕落（sloth）、そこからの脱却もまた人類のもうひとつの長い歴史なのである。

白き大蛇と呼ばれこの世を圧巻せしめる存在…それがうどんである。その存在は今もなお広がり、さまざまな強欲（greed）と混じり合う事で、贖罪の新たな可能性を示し続けている。

それは天が与えたもう神々の食材。その身から溢れでる良質の香りの脂は全ての物を彩る。他を圧倒するその存在感は人類の肉欲（lust）を刺激し続けるのである。

トマトは何と言ってもダイエットにぴったり。水分が豊富なのでお腹がいっぱいになりやすいのと、リコピン等のおかげで健康と美容にもいいです。トマトの最大の罪は、焼くと半端じゃなく美味しくなること。今回のレシピを見てもらえばわかりますが、トマトは生で食べるものじゃなくて、焼くものなんです。それをみんなにもわかってほしいと思います。なので、今回はトマトを焼き尽くし、極炎の刑に処します！

意外と皆さん知りませんが、パンは冷凍保存ができるんです。僕はまず買ったら冷凍します。コキュートスです。そして、凍ったままオーブントースターに入れてもカリカリに仕上がります。カレーにそのままつけてもいいし、チーズやマヨネーズを載せてもいいです。凍ったままオーブントースターに突っ込んで、マヨネーズと塩しょうをかけただけで1食出てしまう。そんな可能性を秘めたのがパンなのです。

うどんのいいところは焼いてもいいし、煮込んでも美味しいところです。最近は焼きうどんにハマっています。味のバリエーションがつけやすいんです。優しい味なので、気持ちが癒されますし、コストパフォーマンスも罪です。安いやつだと100円で3食分入っていますから。蕎麦だとこうはいきません。前回の『堕天使のレシピ』でもうどんメニューは大変好評でしたが、今回はさらにメニューを広げました。

健康と美のためには鶏肉は最強です。他の肉に比べてコラーゲンがたっぷりだし、なおかつ美味しいです。一番すごいのは、鶏肉を焼いたときに出る脂。鶏肉の皮を捨ててしまう人がいますが、皮をパリッと焼いてそのまま食べても美味しいし、出た脂は他の食材を美味しくする最高のスパイスになります。この脂でジャガイモを炒めたりしたら言うことなし。鶏肉こそ最強の食材です！　でもジンギスカンも捨てがたいです（笑）。

Atonement　#01

SOYBEAN CURD

食す者に満足感を与えし白色の箱…。
贖罪のホワイトボックスとしてあらゆる秘密を宿す…。
その白さは、常に安堵感と確かな食感をもたらす…。
ゆえに暴食（gluttony）の徒の最後の砦とも伝えられている。

刻まれし運命と宿命のダイス

豆腐のサイコロステーキ　カツブシオ

定番料理『運命と宿命のダイス』のアレンジバージョンです。ポン酢ではなく、今回開発した最強の調味料、カツブシオでいただきます。これはカツオブシと塩を混ぜればいいだけ。配分も適当で大丈夫。味見をしながら調整すれば絶対失敗しません（P0061写真参照）。本当、ビビるくらい美味いです。作り置きもできるし、何にでも合います。ポイントはいいカツオブシと雪塩を使うこと。雪塩はパウダー状なのでまぜやすいうえに、やさしい味なのでピッタリです。ごま油と豆腐の相性、そこにカツブシオ、完璧です。今回は豆腐を小麦粉でコーティングしましたが、豆腐の表面をカリッとさせたいなら片栗粉もオススメです。

材料

木綿豆腐　1丁
小麦粉（または片栗粉）　大さじ2
ごま油　大さじ1
長ネギ　1/4本
カツブシオ　適量

<作り方>

木綿豆腐はキッチンペーパーに包み、皿にのせて電子レンジ（600w）で1分半加熱して、水気を切ります。水気を切った豆腐をまずは横に半分に切り、続いて2cm角のサイコロ状に切ります。切った豆腐を皿に並べて小麦粉を全面に薄くつけ、余分な粉はたたいて落としておきましょう。熱したフライパンにごま油を入れ、豆腐がくっつかないように並べて中火で焼きます。豆腐が崩れないように気をつけながら、全面がきつね色になるまでカリカリに焼きます。皿に盛り、小口切りにした長ネギをのせ、上からカツブシオをかけて出来上がり。

RECIPE

轟きうごめく白き大地

豆腐のツナマヨグラタン

これは美味しいです。豆腐がクリーミー感を出してくれます。豆腐は柔らかめのおぼろ豆腐みたいなものを使うといいでしょう。本来のグラタンだったら小麦粉と牛乳とバターを炒めて作りますが、豆腐で作るという発想はなかなかないと思います。健康的だし、豆腐でここまでできるという見せつけ感もあるし、安心感があります。豆腐にタマネギとツナを入れで混ぜるだけ。手間がかかっているように見えて超簡単。すぐ作れます。

材料

国産とろ～り濃いお豆腐　120g×2個
ツナ缶　100g
タマネギ　1/4個
ピザ用チーズ　50g
マヨネーズ　大さじ3
塩　少々
コショウ　少々
パセリ　少々
とろけるチーズ（スライス）　1枚

<作り方>

タマネギはみじん切りにしておきます。豆腐をボウルに入れ、みじん切りにしたタマネギ、ツナ缶、ピザ用チーズを加えて混ぜます。このとき、ツナ缶をあまりほぐさずに食感を残しておくのがコツ。具が混ざったらマヨネーズを加え、さらに塩、コショウで味をととのえます。色どりにパセリを加えて全体を混ぜたら、耐熱容器に平らにならします。さらにとろけるチーズ（スライス）を手でちぎってのせ、オーブントースターで10分焼いたら完成です。ツナ缶はチャンクタイプのものを使うと食感がよいのでオススメです。

RECIPE

英霊の会合 導きの涙
湯豆腐　カツブシオ

湯豆腐は焦っている時に気持ちをふわっとさせてくれる癒し効果があります。この料理で嬉しいのは、ただ材料を鍋に入れるだけ。カット野菜だったらそのまま入れればすぐできちゃいます。今回は自分の一番好きなタラを入れてみました。本当に美味い！　湯豆腐にめちゃくちゃ合います。タラは自分の好きな三大魚のひとつ。鍋の定番ですし、焼いても美味いです。そしてカツブシオとの相性も最高です。

材料

豆腐　1丁
タラの切り身　1切れ
エノキダケ　1/2袋
水　250cc
だし昆布　10㎝
酒　小さじ1
みりん　小さじ1
カツブシオ　適量

＜作り方＞

タラの切り身は食べやすい大きさ（3等分くらい）にします。エノキダケは根元を切り、半分に切ってからほぐしておきます。土鍋にだし昆布を入れ、酒、みりんを加えます。真ん中に豆腐を置き、そのまわりにタラの切り身、エノキダケをバランスよく並べます。弱火から中火にして、沸騰したら完成です。食べるときにカツブシオをかけていただきます。

RECIPE

ブリザードエンペラー

豆腐の大根おろし鍋

これはとにかくヘルシーなお鍋です。大根おろしを入れる鍋はいろいろあると思いますが、シンプルこのうえないですよね（笑）。さっぱり食べられるのでオススメです。大根はそのままだと火が通りにくいですが、おろすことによってすぐ火が通りますし、たくさん食べられます。食物繊維もとれて満腹感もあるしカロリーは低いし、ダイエットメニューにもぴったりです。

材料

豆腐　1丁
大根　1/3本
かいわれ大根　少々
水　100cc
ほんだし　小さじ1
ポン酢　少々

＜作り方＞

豆腐は4～6等分に切っておきます。大根をおろし器ですり下ろして、大根おろしを作ります。かいわれ大根は葉先から2cmほどを使います。土鍋に水を入れ、ほんだしを入れてよく溶かします。豆腐を鍋に入れ、大根おろしを汁ごと半分だけ入れて弱火にかけます。煮立ったら残り半分の大根おろしを入れ、かいわれ大根を散らして出来上がり。食べるときにお好みでポン酢をたらしていただきます。カツブシオで食べてもひと味違って美味しいです。

RECIPE

白銀囲いし灼熱の宴

豆腐と豚肉のキムチ煮込み

電子レンジで調理できてしまうひと品。焼く必要がないんです。突っ込むだけでできる料理は、日常生活で非常に重要。自分はいつも料理をしていますが、それでも面倒くさいと思います。なのでこういう料理はありがたいですよね。体もあたたまります。ごま油をふりかけるのがポイント。豚肉を入れることによって旨味が増します。友だちが来た時に作ってあげると喜ばれることうけあい。準備3分、レンジ3分のすぐれものです。

材料

豆腐　1丁
豚肉　100g
キムチ　200g
エノキダケ　30g
水　50cc
ごま油　小さじ1
酒　大さじ2
白だし　大さじ1

＜作り方＞

豚肉はひと口大の大きさに切ります。耐熱容器の底にキムチを敷きつめます。中心に豆腐を丸ごと置き、まわりに豚肉を並べます。その上にエノキダケを並べておき、水、ごま油、酒、白だしを上から全体に行きわたるようにかけます。汁があふれ出ないよう、容器によって水の量は調整してください。ラップをかけて電子レンジに入れ、600wで3分加熱します。豚肉に火が通り、豆腐があたたまったら出来上がりです。加熱しすぎるとラップが破れて具が飛び散るおそれがあるので、時々電子レンジをのぞくのをお忘れなく。キムチと豚肉の旨味が豆腐にしみ込んで、何とも言えません！

ヘルシーが一番だと？ サバンナでも同じこと言えるのかよ!?

豆腐ハンバーグ 鯖入り

ヘルシー料理豆腐ハンバーグのアレンジバージョン。ひき肉の代わりに鯖の水煮の缶詰を使ってみました。鯖が合うのかと一瞬迷いますが、これがまた美味しいのです。隠し味に塩昆布、切り干し大根も入れてみました。鯖の水煮の缶詰と豆腐はコンビニでも売っているので、あとは冷蔵庫の残りの食材なんかも加えて、アレンジしてみてくださいね。

材料

木綿豆腐　200g
鯖水煮　1/2缶
パン粉　1カップ前後
タマゴ　1個
かんたんかんぶつ国産切干大根とにんじんと大根葉　1/3袋
長ネギ（小口切り）　適量
塩昆布　適量
ほんだし　小さじ1
塩　少々
コショウ　少々
大根おろし　適量
ポン酢　適量

<作り方>

「かんたんかんぶつ国産切干大根とにんじんと大根葉」を熱湯に約7分浸して戻して水気をよく切ります。豆腐を粉々にし、パン粉、タマゴと混ぜます。さらに鯖水煮と戻した「かんたんかんぶつ」、長ネギ、塩昆布、ほんだし、塩、コショウを加え、ねばりが出るまで練りこみます。粘りが出たら手のひらでキャッチボールをして空気を抜き、楕円状に整え真ん中をヘコませ、フライパンで中火で焼きます。焦げ目が付いたら裏返して蓋をし、弱火でじっくり熱を通します。大根おろしとネギをのせて出来上がり。

純白の加護 女神の愛した景色
豆腐の豆乳鍋

豆乳はただの健康飲料というわけではありません。本格料理にも使える立派な材料です。成分は豆腐と同じです。そこで追いガツオならぬ追い豆乳。豆腐にさらにコクを与えます。鶏モモ肉、しめじ、白菜、白だしからもだしが出るので美味しいことこの上なし。日本のホワイトシチューといっていいでしょう。「豆乳が苦手」という人も、火を通すので全然豆乳くささがなく、美味しくいただけます。これからの季節にオススメです。

材料

豆腐　1/2丁
鶏モモ肉　100g
ブナシメジ　1/4袋
白菜　1枚
長ネギ　1/4本
豆乳　300cc
白だし　大さじ1
塩　小さじ1

＜作り方＞

豆腐は4〜6等分に切ります。鶏モモ肉はひと口大の食べやすい大きさに切っておきます。ブナシメジは根元の石づき部分を切り取って1本ずつほぐしておきます。白菜は芯の部分と葉の部分に切り分けます。芯の部分は火が通りにくいので薄めのそぎ切りにします。葉の部分はざく切りにしておきます。長ネギは斜め薄切りにします。土鍋に豆乳を入れ、白だし、塩で味つけします。真ん中に豆腐、まわりに鶏モモ肉、しめじ、白菜、長ネギをきれいに並べます。弱火にかけて煮込み、鶏肉に火が通ったらOKです。

Atonement　#02
POTATO

時に脇に存在し、時に中心に存在せし者…。
あらゆる存在感を放つその姿はまさに大地の守護者…。
その身に宿したエネルギーはどのような激情（wrath）にみまわれても
光の輝きで、すべてを浄化するのである。

RECIPE

黄金纏いし地底の断片

から揚げコロッケ

揚げ物というのは料理初心者にとってどれだけ敷居が高いか。部屋は臭くなるし台所は汚れるし危険ですし、油も大量に使います。でもこれは革命的！　そのままオーブントースターで作れます。ポイントはパン粉を炒めること。そうすることで水分が飛んでパリパリになるんです。さらにそれを焼くとコロッケとまったく変わりません。これでいいじゃん！と思います。妥協ではなく一種の新しい料理です。

材料

ジャガイモ　大1個（中2個）
ツナコーン缶詰　大さじ3
牛乳　適量（生地がまとまるくらい）
パン粉　1カップ
ガーリックパウダー　小さじ1
タマゴ　1個
塩　少々
コショウ　少々

＜作り方＞

まずは衣を作ります。テフロン加工のフライパンにパン粉、ガーリックパウダーを入れてよく混ぜ合わせ、弱火でから煎りしていきます。きれいなきつね色に変わってきたら焦げないように早めに火を止め、塩、コショウで味をととのえます。ジャガイモは皮を剝いてひと口大に切り、電子レンジ（600w）で4分加熱して熱いうちに潰して、そこへツナコーンを入れて混ぜ合わせます。ぱさつくようだったら、牛乳を様子を見ながら入れて混ぜ合わせ、あら熱がとれたら小判型にまとめます。溶きタマゴをつけて、作っておいた衣をまぶし、オーブントースターで5分ほど焼きます。今回はツナコーンの缶詰を加えましたが、コンビーフの缶詰、鯖水煮缶など、コンビニで手に入る具材でアレンジしてみるのも楽しいです。

0035

天からもたらされし白龍の涙

ジャガイモたっぷりのクラムチャウダー

クラムチャウダーと聞くと、みんなどう作っていいのかわからないと思うんですが、このレシピを見ればどれだけ簡単かわかるはず。炒めて煮るだけです。ジャガイモを細かく切れば、火が通りにくいこともなく、一瞬で終わります。煮くずれするのでレンジにはかけません。しっかりした味つけなので、優しいながらも一品料理としての美味さもあります。パセリがいい仕事をしてくれるので、乾燥パセリでもいいから常備しておくといいでしょう。

材料

ジャガイモ（メイクイーン）　小2個
アサリ水煮缶　1缶
タマネギ　1/2個
ベーコン　1枚
牛乳　2カップ
サラダ油　大さじ1/2
小麦粉　大さじ2
コンソメ　小さじ2
塩　少々
コショウ　少々
パセリ　適量

＜作り方＞

ジャガイモは皮を剥いて1cm角に切り、水にさっとさらしてアクをとります。ベーコンは1cm幅に切り、タマネギはみじん切りにします。鍋にサラダ油を入れて中火でタマネギ、ジャガイモを4分程炒めます。火が通ってきたらベーコンを入れて、さらに軽く炒めます。そこへ小麦粉を入れて粉気がなくなるまで炒めます。牛乳にコンソメを溶き入れたものを少しずつ加えて具材になじませていき、続いてアサリ水煮缶を汁ごと入れたら、煮立たせないように弱火で4分程煮ます。塩、コショウで味をととのえて、みじん切りにしたパセリを散らして出来上がり。

クラッシュ・ヘブン

キタアカリのポテトサラダ

ポテサラってふとした時に食べたくなるし、これがあれば他に何もいりません。とりあえず空腹がおさまりますし、メインにもなっちゃうんです。今回は北海道が誇る名品種、キタアカリを使いました。作り方はレンジでチンしてつぶすだけ。あとはトッピングです。そのへんにあるもので大丈夫。パセリを混ぜればキレイだし、バジルを混ぜればイタリアン風になります。緑を入れると食欲もわいてきます。塩昆布やポテトチップ、レーズンもオススメです。

材料

ジャガイモ（キタアカリ）　中３個
茹でタマゴ　１個
塩　小さじ2/3
マヨネーズ　大さじ３
ヨーグルト　大さじ１
パセリ　適量

＜作り方＞

ジャガイモ（キタアカリ）はよく洗って水で濡れたキッチンペーパーで包み、さらにサランラップで１個ずつふんわり包み、レンジ（600w）で５～６分加熱します。ジャガイモの大きさにもよるので竹串がすっと通れば大丈夫です。皮は手で剥けるのですが、熱いので水につけて表面のあら熱をとってから剥いても良いでしょう。ジャガイモが熱いうちにつぶします。塩、茹でタマゴを入れてまぜあわせ、冷めたらマヨネーズ、ヨーグルトを入れてよくなじませます。みじん切りにしたパセリを加えて完成です。

眠りし大地の眷属

ジャガバター　イカの塩辛添え

最強兵器の登場。ジャガイモとイカの塩辛、これだけで十分です。電子レンジだけで美味しくできます。ジャガイモはついお湯で茹でてしまいがちですが、そんなことをするヒマがあったらラップに包んでチン！栄養も逃げません。そして塩辛との相性がたまりません。塩辛にも火を通すのがコツです。しょう油をひとたらしすると美味さ倍増。ぜひお父さんに作ってあげてください。ジャガバターで親孝行！

材料

ジャガイモ　1個
バター　10g
イカの塩辛　大さじ1
しょう油　適量

<作り方>

ジャガイモはよく洗って水で濡れたキッチンペーパーで包み、さらにサランラップで1個ずつふんわり包み、レンジ（600w）で5分加熱します。十字に切り目を入れ開いて、バターをのせて塩辛をトッピングして、オーブントースターで1〜2分焼いて完成。表面をカリッとさせると美味しく仕上がります。

RECIPE

白き麗しの泉

ジャガイモのミルク煮

これはお腹がふくれる料理です。ジャガイモを崩してミルクで煮て、缶詰や冷蔵庫のあまり物を入れるだけで、簡単に温かくてほっこりした料理が食べられます。温かいうちに食べてください。クラムチャウダーとややかぶりますが、これはこれでまた別の美味しさがあります。ウインナーはシャウエッセンを入れるのがポイント。多少高くてもぜひシャウエッセンを選んでください。

材料

ジャガイモ　中2個
牛乳　200cc
ウインナー（シャウエッセン）　3本
バター　小さじ2
コンソメ　小さじ2
粉チーズ　少々
ターメリック　少々
塩　少々
粗びきコショウ　少々

<作り方>

ジャガイモはひと口大に切ってケースのジップロックに入れて蓋をきっちり閉めずにレンジ（600w）で4〜6分加熱します。鍋に入れてジャガイモをつぶして牛乳を混ぜます。このときコンソメ、ターメリックを入れます。焦げ付かさないように弱火で煮ながら、バター、シャウエッセンを入れます。フツフツしてきたら塩、粉チーズを入れ、最後に粗びきコショウで味を引き締めます。

0041

RECIPE

天に灼かれし英雄の盾と剣

ジャガイモと貝柱のマヨチーズ焼き

メイクイーンとタマネギとアスパラを炒めて、耐熱容器に敷いて貝柱を入れてマヨネーズとチーズをかけて焼くだけ。超簡単でしかも激ウマです。ジャガイモとチーズの相性がいいのは言うまでもありませんが、この料理のポイントは、なんと言っても貝柱の美味さ！ 生の貝柱を買ってくる必要はありません。缶詰で十分です。もっと缶詰を活用しましょう！ これは立派なごちそう料理です。

材料

ジャガイモ（メイクイーン）　小2個
ホタテ貝柱ほぐし身缶詰　130g
アスパラ　1本
タマネギ　1/4個
とろけるチーズ（スライス）　2枚
オリーブオイル　大さじ1
マヨネーズ　適量（表面を軽く覆う程度）
塩　少々
コショウ　少々

＜作り方＞

ジャガイモを5mm程の厚さに切ります。タマネギは繊維に沿って縦に薄切り、アスパラは斜めに切っておきます。フライパンにオリーブオイルを入れて中火でジャガイモとタマネギ、アスパラをソテーして、塩、コショウします。フライパンから耐熱皿に移し入れて、貝柱のほぐし身を汁ごと入れて、マヨネーズをかけます。とろけるチーズをかぶせて、塩をふり、オーブントースターで10分焼きます。

0043

Photo Session

スタイリング／宇田川雄一
ヘアー＆メイクアップ／車谷 結
撮影／大塚秀美

ギャップのブルゾン／1万4900円、チノパン／7900円、シャツ／6300円（ギャップフラッグシップ原宿 TEL：03-5786-9200）、ブローグのブーツ／2万9160円（プラウド TEL：03-5824-9377）、きぅ・プラスのバングル／各3万1320円、リング／1万7280円（メゾン＊ジィオデシック TEL：03-6303-2404）他私物

Atonement #03
EGG

聖なる極鳥により、この世に生み出された珠玉の宝石…。
しかし、高慢さ（pride）が災いし、その身は焼かれ、攪拌され続けている。
そして今、救いを求めて姿を変えあらゆる地へ降り立つ…。

欲に溺れし真実の眼差し

ベーコンエッグ

半熟タマゴは、何回も作ってタイミングを身につけてください。ベーコンはカリカリにしてあげると相性がいいでしょう。意外とこういう料理は2次会で食べたくなります。お腹いっぱいの時って何か食べたいけれど入っていかないですけど、これならば食べられます。飾りなどをつけると簡単でおしゃれにできます。こういうものを晩酌の時に用意してあげると、お父さんも喜びます。お小遣いがほしい時にはぜひ（笑）。

材料

タマゴ　1個
ベーコン　1/2枚
ハーブ（飾り用）　少々

＜作り方＞

タマゴを常温に戻しておきます。ベーコンは1cm角に切ってテフロン加工のフライパンでカリカリになるまでじっくり炒めておきましょう。たっぷりのお湯を沸かして沸騰したら玉じゃくしにタマゴをのせて静かにお湯に入れます。沸騰状態のままで、6分間茹でます。この時黄身が中心にくるように菜箸などで転がしましょう。茹で上がったら、水に落としてあら熱をとり殻をむきます。タマゴの両端をナイフで少し平らに切っておくと盛りつけた時に転がりません。糸を使って半分に切り分けます。器にのせて、カリカリベーコンとハーブをのせて出来上がり。ポイントは茹でる前に常温に戻しておくことと、きっかり6分茹でることです。

RECIPE

光隠されしドラゴンネイル

スクランブルエッグ　アスパラソテー添え

完成写真を見ると、角が3本生えているように見えますが、ドラゴンネイルです。スクランブルエッグはきちんと作ろうと思うと、思ったより手間がかかります。炒りタマゴとスクランブルエッグは違います。生クリームは2回に分けて入れるといいですよ。ないときは牛乳でも可です。スクランブルエッグはタマゴ料理の基本です。適当に作ってもいいんですが、今回のように少し手の込んだ感じに作ってみるのもいいのでは？

材料

タマゴ　3個
バター　10g
生クリーム　50cc
塩　少々
コショウ　少々

＜作り方＞

ボウルにタマゴを割り入れ、泡立てないように黄身と白身がしっかり溶きほぐれるように混ぜていきます。生クリームを半量加えてさらに混ぜ合わせます。フライパンに中火でバターを溶かし、溶いたタマゴを流し入れ、ここからは弱火で木じゃくしで混ぜながらゆっくりと火を通していきます。半熟状になったら残りの生クリームを加えて、泡立て器でなめらかになるまで静かに混ぜ合わせます。塩、コショウで味をととのえ、火から降ろし、ソテーしたアスパラを皿に盛り、その上にスクランブルエッグを盛りつけます。

魔力携えたるは覇王の衣

イタリアンパセリ入りチーズオムレツ

オムレツは意外とテクニックが必要です。折りたたむところさえクリアできれば、おしゃれ料理の達人の仲間入り。たくさん作って失敗しましょう。失敗しても味に変わりはありません。今回はチーズとイタリアンパセリを入れてみましたが、オムレツはアレンジ料理なので、中に入れるものは自由。お好みで好きな具を入れて作ってみてください。

材料

タマゴ　2個
生クリーム　15cc
粉チーズ　大さじ1と1/2
ピザ用チーズ　大さじ1
イタリアンパセリ　4茎
バター　10g
サラダ油　5cc
塩　少々
コショウ　少々

＜作り方＞

ボウルにタマゴを割り入れ、軽く溶きほぐして、生クリーム、みじん切りにしたイタリアンパセリ、ピザ用チーズ、粉チーズを加えてまぜ、さらに塩、コショウを入れます。油のなじんだフライパンを強火にかけ、サラダ油とバターを入れバターの泡が小さくなったら溶きタマゴを一気に流し入れます。フライパンが熱いのですぐに縁が固まり始めるので、フォークで全体を大きく混ぜます。半熟状になったら、一旦火から降ろしてフライパンの手前を持ち上げ手前から向こう側にまとめながらタマゴを寄せていきます。再び火にかけて、フライパンの柄の付け根を叩きながら木の葉型に整えて、皿に滑らせるように盛りつけましょう。スクランブルエッグは弱火で繊細にゆっくりと作りましたが、オムレツは最初から最後まで強火で時間勝負で仕上げます。ちなみに溶きタマゴに炭酸水を加えると炭酸がタマゴの中で気体化して空気の層が生まれ、ふわふわ度が増します。

RECIPE
クリエイト ゴッド ハート
ネギトロユッケ

これも超絶品料理です。超簡単なのに超美味い！ カツブシオを作った時に、この料理が自分の中で発動しました。絶対合うと思いました。長ネギを結構たくさん混ぜていますが、マグロがちょっと油っこいので、ネギが入っているとシャキシャキ感が出て、さっぱりと食べられます。そこに本来しょう油をかけるところをカツブシオですよ。もう最高です。

材料

ネギトロ用マグロ　1パック
長ネギ　1/2本
タマゴの黄身　1個
塩　少々
カツブシオ　適量

＜作り方＞

まずは長ネギを小口切りにします。ネギトロ用マグロに塩少々、長ネギをたっぷり混ぜ合わせます。形を整えて皿に盛りつけます。真ん中をくぼませて、そこに黄身をのせます。そして、カツブシオをかけて完成です。

輝く星々の瞬き
タマゴチャーハン

今回は黄金チャーハンではなく、タマゴの食感を残してスクランブル風に仕上げました。油を使わずマヨネーズで炒めるのが自分流。マヨネーズとチャーハンの相性はバッチリ。マヨネーズで炒めると旨味が出ますし、原料もタマゴですから、タマゴチャーハンとの相性もいい。このチャーハンはめちゃくちゃ美味いです。いますぐにでも食べたいです。長ネギをたっぷり入れることと、コショウをきかせるのをお忘れなく。飽きない味です。

材料

ご飯　300g
長ネギ（小口切り）　1本
ベーコン　2枚
タマゴ　2個
塩　少々
コショウ　少々
マヨネーズ　大さじ2
ごま油　少々

<作り方>

長ネギは小口切り、ベーコンはみじん切りにして、タマゴは溶きほぐしておきます。フライパンにマヨネーズを入れて溶け始めたら、温かいご飯を入れてマヨネーズが米粒をコーティングするようにむらなく炒めます。長ネギとベーコン、ごま油を加えてさらに炒めます。火が通ってきたら、ご飯をフライパンの隅に寄せて、空いたところに溶きタマゴを流し入れ、ご飯と混ぜながら炒めていき塩、コショウで味をととのえます。ボウルやお茶碗によそって、皿にかぶせて盛りつけて出来上がり。

RECIPE

慈愛包まれし海の祝福

カニ玉風ツナ玉

あんが効いていて美味しい料理です。エノキダケがカニの質感を出していて、いい仕事をしています。フェイク料理なんですが、これはこれでいいですよ。お好み焼きを作るように混ぜて焼くだけですから、とても簡単です。あんを作るのも難しくはありません。手順通りにやれば大丈夫です。あんを作るのが面倒？　そんなときは、カツブシオをかければ美味しくいただけます。

材料

ツナ缶　1/2缶（40g）
エノキダケ　1袋
長ネギ　1/4本
タマゴ　3個
サラダ油　大さじ2
酒　大さじ1/2
水　100cc
みりん　大さじ1/2
しょう油　大さじ1/2
鶏ガラスープの素　小さじ1
片栗粉　大さじ1/2

<作り方>

ツナ缶はほぐしておきます。エノキダケは根元の石づき部分を切り落とし、さらに半分に切ります。長ネギは斜め薄切りにします。タマゴは割りほぐしておきます。ボウルにツナ缶、エノキダケ、長ネギを入れ、割りほぐしたタマゴを加えてよく混ぜておきます。続いて上にかけるあんを作ります。小鍋に水、鶏ガラスープの素、みりん、酒、しょう油、片栗粉を入れます。片栗粉がダマにならないよう、よく混ぜながら中火でとろみがつくまで火を通します。とろみがついたらごく弱火にしておきます。熱したフライパンにサラダ油を入れ、ボウルの中味を入れて大きくかき混ぜます。丸く形を整え、片面を焼き、焼き色がついたらヘラで返して両面をこんがり焼きます。焼き上がったら皿に盛り、4等分に切り分けます。最後に熱々のあんをかけて出来上がり。

RECIPE

業火に隠された創世の雫

タマゴキムチスープ

これも一瞬で完成します。キムチを細かく刻んでちょっと炒めて鍋に入れて煮込み、タマゴを入れるだけ。タマゴを入れることで、キムチの攻撃的な部分を弱めています。夜食にぴったりだと思います。お母さんはぜひお子さんに作ってあげてほしいです。元気が出ますよ。ローカロリーだし、受験勉強のお供にぜひいかがでしょうか。

材料

タマゴ　2個
キムチ　50g
水　400cc
鶏ガラスープの素　小さじ2
塩　少々
コショウ　少々
万能ネギ　少々

＜作り方＞

キムチは1cm幅に切り、タマゴはボウルに割りほぐしておきます。万能ネギは小口切りにしておきます。鍋に水と鶏ガラスープの素を入れ中火にかけながらよく溶かします。煮立ったら弱火にしてキムチを加えます。塩、コショウで味をととのえ、溶きタマゴを上から流し入れます。このとき、写真のように菜箸に伝わせながら入れるといいでしょう。タマゴがふんわりとしたら火を止めて出来上がりです。器に盛り、万能ネギを散らします。万能ネギの代わりに長ネギの青い部分でもOKです。

Photo Session

スタイリング／宇田川雄一
ヘアー＆メイクアップ／車谷 結
撮影／大塚秀美

ギャップのジャケット／1万5900円、チノパン／7900円、シャツ／6300円（ギャップフラッグシップ原宿 TEL：03-5786-9200）、ブローグのブーツ／2万9160円（プラウド TEL：03-5824-9377）、きぅ・プラスのバングル／各3万1320円、リング／1万7280円（メゾン＊ジィオデシック TEL：03-6303-2404）他私物

Atonement　#04
TOMATO

古よりこの世に伝わり、存在感を今もなお失う事はない罪なる存在。
だがしかし…その本当の姿を知る者は少ない…。
冷気による仕置き、煮込むことによる断罪、そればかりが伝わる中で、
嫉妬の炎（envy）による対処を人類は知る事になる…。

RECIPE

煌めく紅玉の海

焼きトマトの味噌汁

これはビックリしますよ。想像と違う味が襲いかかってきます。トマトを焼くのが超重要です。焼いたトマトは旨味が増します。味噌汁の味噌くささがまったくなく、おしゃれスープという感じ。スダチとトマトの相性もヤバいです。入れると入れないとでは大違い。絶対に入れてほしいです。面倒くさい人は絞り汁だけでも OK です。味噌汁にトマト、意外な組み合わせかもしれませんが、活性酸素を取り除く効果のある発酵食品の味噌にリコピンやβカロチン豊富なトマトが加わることで、美肌の味方、最強の抗酸化作用のある食べ物になるのです。

材料

中玉トマト　2個
味噌（減塩タイプ）　大さじ1と1/2
水　300cc
ほんだし　小さじ1
ごま油　少々
スダチ　少々

<作り方>

トマトは1個はまるごと、もう1個は食べやすい大きさに乱切りにして、魚焼きグリルまたはオーブントースターでほんのり焼き色がつくまで焼きます。鍋に沸いたお湯にほんだしを溶かします。そこへ焼き上がったトマトを投入します。ひと煮立ちさせたら、味噌を溶き入れて沸騰寸前に火を止め、最後に隠し味のごま油を少量回し入れます。器によそって、輪切りにしたスダチを浮かべれば完成。

断罪のデーモンルージュ

シーフードミックスのトマト煮込み

美容にコレステロール低下に抗酸化作用と、トマトの効用は素晴らしいのですが、これが水煮缶のトマトになると生よりも栄養価が豊富でしかもコスパ最高という存在になります。加熱されているので、すでに旨味のグルタミン酸も詰まっています。水煮缶を使って簡単に美味しいイタリアンを作りましょう。シーフードをひとつひとつ買って刻む手間も、冷凍のシーフードミックスを使えば省けます。使う前にさっと水で洗って臭みをとるのがポイント。パンにつけてもいいし、パスタとからめてもOK。パスタとからめる時は少し濃いめの味つけにしておくといいと思います。

材料

カットトマト缶　1缶
シーフードミックス（冷凍）　160g
オリーブオイル　大さじ1
酒または白ワイン　大さじ2
ニンニク　1かけ
塩　少々
コショウ　少々
パセリまたはバジル　適量

＜作り方＞

フライパンにオリーブオイル、ニンニクのみじん切りを入れて弱火で熱します。香りがたってきたら、シーフードミックスを入れ中火にして酒または白ワインを入れ、2分程煮込みます。ぐつぐつと煮立ってきたらカットトマト缶を入れてフツフツとしてくるまで煮込みます。塩、コショウで味をととのえて、バジルかパセリを飾って出来上がり。

古の錬金術 レッド・ゴーレム
トマトのリゾット

時間はかかりますが超簡単です。お米を炊かなくていいのが助かります。ご飯を炊くのではなく、生米を炒めるところから始めます。パサパサの米に水分を与えてあげましょう。言ってしまえば炊き込みご飯。少し芯が残っているくらい固めが美味しいです。パーティ感があるし、おしゃれです。

材料

生米　1合
タマネギ　1/2個
ニンニク　1かけ
ウインナー　2本
カットトマト缶　1缶
牛乳　400cc
コンソメ　小さじ2
オリーブオイル　大さじ2
バター　適量
塩　少々
コショウ　少々
バジル　適量
パルメザンチーズ　適量

＜作り方＞

米を洗ってザルにあげ水を切っておきます。タマネギはみじん切り、ニンニクは粗みじん切り、ウインナーは細切りにします。フライパンにオリーブオイル、ニンニクを入れて香りを出し、タマネギのみじん切り、ウインナーを入れてさらに炒めます。タマネギが透明になったところで、米を入れて中火でいためます。お米が透明になり少しだけ焼きめがついたところで、トマト缶を入れお米とよく混ぜ合わせます。牛乳、コンソメを入れて中火で15分煮込みます。このとき焦げないようにときおり混ぜ合わせましょう。米を食べてみて芯が少し残っていれば、仕上げにバターを入れて混ぜ合わせ、塩、コショウで味をととのえて出来上がり。お皿に盛りバジルを飾り、お好みでパルメザンチーズをふってください。

RECIPE

罪深き魂の封印
トマトのチーズ焼き

これ、撮影の翌日も自宅で作ってました(笑)。この料理のいいところは、トマトの水分が残ったままなので、温まりたいときには最高。冬の朝にぴったりです。下にタマネギを敷いてミニトマトを置き、オリーブオイルをかけてオーブンに入れるだけ。アレンジ方法としてはベーコン、ブナシメジあたりを入れてもいいです。簡単でめちゃ美味いです。毎日食べてもいいくらい。実際毎日食べていました(笑)。

材料

ミニトマト　1パック
タマネギ　1/2個
ピザ用チーズ　25g
ベーコン　2枚
オリーブオイル　大さじ1
パセリまたはバジル　適量
塩　少々
コショウ　少々

<作り方>

ミニトマトはヘタをとり、横半分に切ります。タマネギは縦に薄切りにします。耐熱皿にタマネギを敷き、塩、コショウします。オリーブオイルをまわしかけて、オーブントースターで3分焼きます。オーブントースターから取り出し、ミニトマトを並べてピザ用チーズをまんべんなくちらして、さらにオーブントースターで10分焼きます。焼き色がついたらパセリまたはバジルのみじん切りを散らして出来上がり。

RECIPE

旅人の旋律 夕焼けのハープ

ドライトマトとベーコンのパスタ

ドライトマトの底力を思い知らされるひと品。トマトは加熱すると旨味が増して、栄養価も高くなるとのことでしたが、天日にあてて乾燥させても栄養価が増すのです！ 抗酸化作用のあるリコピンは生に比べて4倍にもなると言われています。そして、ビタミンCも増すそうですよ。アスパラはぜひ入れてください。食感的にも色どり的にも合います。

材料

パスタ　160g
ドライトマト　2個
ベーコン　50g
ニンニク　1かけ
アスパラ　2本
鷹の爪　1/2個
オリーブオイル　50cc
塩　少々
ブラックペッパー　少々

＜作り方＞

最初にドライトマトをぬるま湯に10分程つけておきます。その間にニンニクをスライスして、ベーコンを拍子木状に切り、アスパラを斜め切りにしておきます。柔らかくなったドライトマトは粗みじん切りにします。トマトの旨味の溶け出した戻し汁は仕上げに使うのでとっておきます。フライパンにオリーブオイル、鷹の爪、ニンニクを入れて弱火でじっくり火を通していきます。ベーコンとドライトマトを入れて中火でさっと炒めます。茹で上がったパスタをトングでとって茹で汁を切らずにフライパンに入れます。さらに茹で汁を50ccほどとドライトマトの戻し汁を大さじ2杯を加え、パスタごとトングでかき混ぜ、塩、コショウで味をととのえます。よくかきまぜることで油と茹で汁が乳化してトロリとパスタにからむ美味しいソースになります。

0083

古に伝わりし浮遊マグマ大陸

トマトの姿焼き　アボカド入り

トマトとアボカドの相性は抜群。そこにチーズが加わればさらに無敵の組み合わせになるのは言うまでもありません。作っていただければわかるのですが、アボカドやタマネギ＆ベーコンソテーが追加される分、トマトの器に入れると、和えた具材がちょっと余ります。そちらは食パンにのせてピザトースト風にいただきましょう。アボカドがまだ熟してないものだったら、レンジでチンするといいですよ！

材料

トマト　1個
アボガド　1個
タマネギ　1/4個
ベーコン　1枚
ニンニク　1かけ
マヨネーズ　大さじ1/2
ピザ用チーズ　ひとつまみ
パセリ　少々
オリーブオイル　大さじ1/2
塩　少々
コショウ　少々

＜作り方＞

ニンニクはみじん切りにして、フライパンにオリーブオイルを入れて香りが立つまで炒めます。続いてタマネギのみじん切り、細かく切ったベーコンを入れて炒めます。トマトは上部をカットし、中身をくりぬきます。トマトの中身はざく切りにしておきましょう。アボカドは食感が残るように1cm角程度に刻み、トマトのざく切り、先ほど炒めたベーコンとタマネギと和えます。マヨネーズ、塩、コショウで味をととのえ、くりぬいたトマトの中に収めます。上部にピザ用チーズをふりかけ、パセリを散らしてオーブンでトースターで7〜8分焼いて出来上がり。バケットやクラッカーと合わせてどうぞ。

RECIPE
女神に抱かれし太陽の魂
焼きトマトベーコン巻き

これは超絶簡単。巻いて串に刺して焼くだけ。トマトと豚肉系の相性は最高です。ベーコンじゃなくても豚バラ肉でもいいですよ。トマトを焼いたことがないという人は、まずこの料理で焼きトマトの世界に入ってきてください。トマトは焼くことでグルタミン酸が増し、旨味と甘味がギュッと凝縮されます。水分が蒸発する分、たくさん食べられるし、またリコピンも加熱することで吸収されやすくなって、焼きトマトはいいことずくめ。トマトがかなり熱いので、食べる時には火傷をしないようにくれぐれも注意してください。

材料

ミニトマト 6個（または中玉トマト1個）
ベーコン 1〜2枚
塩 少々
ブラックペッパー 少々

＜作り方＞

トマトの大きさに合わせてベーコンを2〜3等分に切っておきます。ミニトマトにベーコンを巻いて串に通します。塩、ブラックペッパーを軽くふりかけて、オーブントースターで5分ほど焼けば完成。中玉トマトの場合は6等分にくし形に切って、ベーコンを巻くといいでしょう。

Photo Session

スタイリング／宇田川雄一
ヘアー＆メイクアップ／車谷 結
撮影／大塚秀美

オリヒカのスーツ／4万2984円、タートル／6372円（オリヒカ池袋東口店 TEL：03-5958-1488）、バーナーのシャツ／7344円（バーナー ルミネエスト新宿店 TEL：03-6457-8064）、ブローグのブーツ2万9160円（ブラウド TEL：03-5824-9377）、きぅ・プラスのバングル／9720円（メゾン＊ジィオデシック TEL：03-6303-2404）、スイコックのストール／8640円（アドナスト TEL：03-5456-5821）他私物

Atonement   #05
BREAD

その姿を見かけない事など、まず有り得ない…。
有史以来、常に人の生活の傍らにあり、
大量に摂取されてきた代表的な存在である。
当たり前ゆえに、つきまとう堕落（sloth）、
そこからの脱却もまた人類のもうひとつの長い歴史なのである。

RECIPE

身を焦がす白き断片
フレンチトースト

得意料理のひとつです。フレンチトーストって、いざという時に食べると異様に美味しいんですよね。これも安心料理のひとつですが、単純だけど作る人の個性が出る料理です。自分はシナモンパウダーと、はちみつをかけていただきますが、今回はメイプルシロップにしてみました。はちみつだと食事という感じですが、メイプルシロップだとおやつ感が出ます。シナモンパウダーは砂糖入りよりも、シナモン単体のほうがいいでしょう。

材料

食パン　1枚
タマゴ　1個（食パン1枚につき1個）
牛乳　50cc
砂糖　大さじ1
バニラエッセンス　2〜3滴
バター　10g
メープルシロップ　適量
シナモンパウダー　適量（お好みで）

<作り方>

ボウルにタマゴ、牛乳、砂糖、バニラエッセンスを入れてよく混ぜ合わせタマゴ液を作り、バットに流し入れます。食パンを両面よくタマゴ液に浸して、冷蔵庫で20分以上寝かせます。フライパンを熱してバターを溶かし、泡がフツフツとしてきたらパンを入れ、タマゴ液が残っていたらパンにかけるように流し入れましょう。中火から弱火で触らずに焼き色がついたら裏返します。こんがりと焼けたら出来上がりです。お好みでメープルシロップやシナモンパウダー、ハチミツをかけてどうぞ。

産声を上げし悪魔の悲鳴

フレンチトースト　ベーコンチーズカレー風味

フレンチトーストのアレンジ版です。パンに切れ込みを入れるのは意外と難易度が高いので、面倒な人は重ねて間にはさむのもアリです。パン切り包丁があると便利です。食パン1枚につきタマゴ1個の割合です。味つけはスパイシーなほうに振ってもいいし、優しい味にしてもOK。チーズとカレーが意外とよく合います。

材料

食パン　1枚
タマゴ　1個
牛乳　50cc
とろけるチーズ（スライス）　1枚
ベーコン　1/2枚
カレー粉　大さじ1
ガーリックパウダー　適量
ブラックペッパー　適量
ホワイトペッパー　適量
ドライバジル　適量
ガラムマサラ　適量
バター　10g

<作り方>

ボウルにタマゴ、牛乳、カレー粉、ガーリックパウダー、ブラックペッパー、ホワイトペッパー、ドライバジル、ガラムマサラを入れてよく混ぜ合わせてカレー味のタマゴ液を作ります。食パンに切り目を入れて袋状にして、とろけるチーズとベーコンを挟みこみ、バットに流し入れたタマゴ液に両面を浸してつけ込みます。20分以上冷蔵庫で寝かすと液を全て含んでいきます。フライパンを熱してバターを溶かし泡がフツフツとしてきたらパンを入れ、タマゴ液が残っていたらパンにかけるように流し入れましょう。中火から弱火で触らずに焼き色がついたら裏返します。こんがりと焼けたら出来上がり。

集結せし混沌の調律
ピザトースト

堕天使流のピザトーストは激ウマです。手間がかかってますから！トースターで生のまま焼くと、中の具材に火が通る前にパンが焦げてしまうので、前もってタマネギとピーマンに火を通してあげるのがポイントです。ピザソースを塗ってからベーコンを敷いて、チーズをのせます。ピーマンを色どりよくのせてあげましょう。ピザソースは一家にひとつ、必ず用意しておくといいです。ケチャップでも代用できますが、ここは本格的にいきましょう。

材料

食パン　1枚
タマネギ　1/4個
ピーマン　1/2個
ミニトマト　2個
ベーコン　1枚
ピザソース　大さじ2
ピザ用チーズ　大さじ2〜3（お好みで）
パセリ　適量

<作り方>

ミニトマト、ピーマン、タマネギは薄切りにします。ベーコンも食べやすい大きさに切ります。フライパンにバターを熱してタマネギを軽く炒めます。パンにピザソースをぬり、炒めたタマネギをのせ、ベーコン、トマト、ピーマンをのせていき、最後にピザ用チーズでまんべんなく覆います。オーブントースターでチーズがとろけるまで焼きます。パセリのみじん切りをふりかけて出来上がり。

RECIPE

寵愛に眠る禁断の果実
スライスアップルオンザシナモントースト

これは激ウマ絶品デザートです。アップルパイにはリンゴとシナモンを入れるパターンが多いので、合うのは当たり前なんですが。りんごもスライサーでサクサク切ればいいので、包丁もいりません。料理をするのが面倒くさい人は、先に道具を揃えることをオススメします。スライサーは100円ショップでも売っています。リンゴは薄く切れば切るほど美味しいです。皮ごと使った方が赤がいいアクセントになります。

材料

食パン　1枚
バター　適量
グラニュー糖　大さじ1
シナモンシュガー　小さじ2
リンゴ　1/5個

＜作り方＞

パンにバターを塗ります。半量のシナモンシュガーをふりかけます。リンゴは皮をよく洗って、縦半分に切ります。スライサーで2mm厚にスライスし、種や芯の固い部分は取り除きます。少しずつ重なるようにパンの上に並べていきます。グラニュー糖、シナモンシュガーをふりかけ、オーブントースターで、時々様子を見ながら、こんがりと焼いて完成。

闇に開けし楽園の苗床

カラメルバナナトースト

これもお菓子ですが、そんなに難しく考えなくてすむ料理です。グラニュー糖を溶かして焦がして、カラメルソースを作る作業は楽しいですね。ソースをどのくらい固めに仕上げるのかは作る人の気持ち次第。バナナはいくら入れても大丈夫です。バナナがこんなに美味しいんだと思うこと間違いなし。おしゃれデザートのひとつです。

材料

食パン　1枚
バター　5g
グラニュー糖　大さじ3
生クリーム　大さじ1
バナナ　1本
スライスアーモンド　適量

＜作り方＞

バナナは厚さ1cmくらいの斜め切りにします。パンをトーストしておきます。フライパンにグラニュー糖を入れて中火にかけます。フライパンを時々揺すりながらゆっくり温度を上げていきます。フツフツしてトロミが出て、色がきつね色に変わったら、生クリームとバターを入れて混ぜ合わせます。手早くバナナを入れて絡ませ火を止めます。冷めないうちにパンにのせて、スライスアーモンドをちらせば完成です。

金糸集めたるは古の石版
ベーコン好きのクロックムッシュ

これはお店の味ですよ。ナイフとフォークで食べるのが似合います。本来はハムを使うのですが、僕はベーコンのほうが好きだ！ ビールにも合います。てか飲んでるし（笑）。これはお母さんに食べさせたい料理です。ベシャメルソースを作るのが面倒な場合は、ホワイトソースの缶詰でも大丈夫です。ちなみにこれに目玉焼きがのるとクロックマダムになります。

<pre>
材料

小麦粉　大さじ1
バター　10g
牛乳　300cc
塩　少々
コショウ　少々
食パン　2枚
ベーコン　2枚
ピザ用チーズ　大さじ2
</pre>

＜作り方＞

まずはベシャメルソースを作ります。少量だと作りづらいので、5人分程度をいっぺんに作るのがいいでしょう（レシピの分量）。余った分は冷凍しておきましょう。フライパンにバターを入れて火にかけ、溶けてきたら小麦粉を入れて弱火で炒め混ぜます。よく混ざりなじんできたら、一気に牛乳を入れて強火にして、木べらなどでよくかき混ぜます。この時手は休めないように混ぜ続けて下さい。混ぜ続けていると段々とろーりもったりとしてきて、フライパンのそこにへらで線がかけるぐらいになれば塩、コショウをふって出来上がりです。続いてベーコンをパンにのる大きさに切って軽く焼いておきます。ベーコンを挟む内側のパンの面にベシャメルソースを薄く塗り、ベーコンを挟みます。パンの表面にもたっぷりとソースを塗り、ピザ用チーズをまんべんなく散らし、オーブントースターで焼いたら完成です。

囚われた魔人の約束

アボカドチーズトースト

アボカドとチーズの組み合わせは最高。マヨネーズを入れるとさらに美味しいです。この料理はタマネギにしっかり仕事をしてもらうこと。ピザソースにタバスコとレモン汁を加え、サルサソース風に。アボカドとマヨネーズ、チーズだけでも美味いのに、さらにひと工夫してみました。手間はかかりますが、簡単なのでオススメです。アボカドを買うときに気をつけたいのは、完全に熟しているものを選ぶことです。

材料

食パン　1枚
アボカド　1/2個
レモン汁　少々
タマネギ　1/4個
ピザソース　大さじ2
タバスコソース　適量
ガーリックパウダー　少々
オリーブオイル　小さじ1/2
マヨネーズ　小さじ1
粉チーズ　適量
塩　少々
コショウ　少々

＜作り方＞

アボカドをスライスしてレモン汁をふって色留めをしておきましょう。ボウルにみじん切りにしたタマネギ、ピザソース、タバスコソース、ガーリックパウダー、オリーブオイル、塩を入れてよく混ぜ合わせます。それをパンに塗り、さらにレモン汁をふります。アボカドを並べて、マヨネーズをかけ、粉チーズをまぶします。コショウを降って、オーブントースターでこんがり焼き色がつくまで焼けば出来上がり。

0109

Atonement #06

UDON NOODLE

白き大蛇と呼ばれこの世を圧巻せしめる存在…
それがうどんである。
その存在は今もなお広がり、
さまざまな強欲 (greed) と混じり合う事で、
贖罪の新たな可能性を示し続けている。

失われし宝玉の守護者

明太子焼きうどん

以前トリスタの連載で、しらたきと明太子でパスタ風の料理を作ったんですが、ハマりすぎました。で、今度はうどんバージョンで作ってみました。明太子はうどんでも合うんですね。美味さを追求するならふつうの明太子なんですが、けっこうお値段もしますし、ほぐすのが面倒くさいという方もいるでしょう。チューブタイプのものを買って常に家に保存しておくといいですよ。今回はチューブタイプの明太子を使ってみましたが、一番いい点は簡単に作れることですね。入れて炒めるだけですから。ポイントは白だしを加えることですね。根底を支えるベースみたいな感じです。

材料

うどん　1袋
シーフードミックス（冷凍）　80g
ごま油　大さじ1
白だし　大さじ1
水　30cc
チューブ入り明太子　大さじ2
刻みノリ　適量

<作り方>

うどんは袋のまま電子レンジ（600w）で1分半加熱して、袋から出してほぐしておきます。熱したフライパンにごま油を入れて、シーフードミックスを凍ったまま入れて中火で炒めます。火が通ったらうどんを加えてさらに炒めます。白だしを加えた水30ccを加え、さらにチューブ入り明太子を加えて混ぜながら炒めます。明太チューブに火が通り、全体が混ざったら完成。皿に盛り、刻みノリをかけます。明太子は一度に入れると辛すぎて味が調整できなくなるので、味を見ながら少しずつ加えていくといいですよ。（上の写真は刻みノリの天空落としの結果）

乾きの四川龍
ドライカレーうどん

これも驚きの美味さですよ。やっぱりカレーうどんは鉄板です。普通はめんつゆにカレールーを入れてからめて食べるんですが、これはドライカレーうどんですから。家に余っているルーに豚肉を買ってきて合わせれば文句なしの美味しさです。最悪、具がなくてもルーのみでいけますね（笑）。ジャンク感は半端ないですけど。今回はちょっと豪華にジャガイモも入れてみましたが、なくても美味しいです。これこそ誰でもできるので挑戦してみてほしいです。

材料

うどん　1袋
豚バラ肉　100g
ジャガイモ　小1/2個
タマネギ　1/4個
オリーブオイル（またはサラダ油）　大さじ1
塩　少々
コショウ　少々
水　20cc
カレールー　1皿分
長ネギ　5cm

＜作り方＞

うどんは袋のまま電子レンジ（600w）で1分半加熱して、袋から出してほぐしておきます。豚肉は5mm角くらいに細かく切ります（粗いひき肉のような感じ）。タマネギは繊維にそって縦にスライス、ジャガイモは5mm幅の短冊切りにしてから電子レンジ（600w）で30秒チンして少し柔らかくします。長ネギは細く縦にせん切りして水にさらして白髪ネギにしておきます。熱したフライパンにオリーブオイルを入れ、強火で豚肉を炒めます。豚肉の色が変わったら、タマネギとジャガイモを入れ、塩、コショウで軽く下味をつけます。うどんを加えたら中火でさらに炒め、水とカレールーを投入。水を減らすと粉っぽくてジャンク感が高まります。お好みで調整してみてください。カレーが全体になじんだら皿に盛り、上に白髪ネギをトッピングしたら完成です。

白きマグマに復活の大蛇

うどんとカキのミルクスープ焼き

きました！ これもちょっとしたグラタンというか、焼きスープです。グラタン感覚で食べられるんだけれど、ちょっとしゃぶしゃぶなんです。材料のすべてがマッチしています。カキをバターで炒めて香りをつけて、ミルク自体にもカキのエキスがふんだんにしみ出しているので、ちょっと磯の香りがします。カキからしみ出る旨味はなかなか美味いですよね。海のミルクと生のミルクのコラボです。

材料

うどん　1/2 袋
カキ（加熱用）　50g
バター　10g
ジャガイモ　小1個
タマネギ　1/4 個
牛乳　50cc
生クリーム　50cc
コンソメキューブ　1個（4g）
ピザ用チーズ　50g

＜作り方＞

うどんは電子レンジ（600w）で1分半加熱し、ほぐしたあと、包丁で5cm程度の長さに切っておきます（キッチンばさみだとなお簡単）。タマネギは繊維にそって縦にスライス、ジャガイモは5mm幅の短冊切りにします。カキはさっと水で洗い、ペーパータオルで水気をとります。熱したフライパンにバターを溶かし、カキを強火でサッと炒めて取り出しておきます。コンソメキューブは包丁で細かく刻んで、牛乳と生クリームを混ぜた中に加え、よく混ぜておきます。耐熱容器にタマネギを敷きつめ、その上にジャガイモを並べます。さらにうどんと炒めたカキをバランスよく並べ、上から牛乳と生クリーム、コンソメキューブを混ぜた液を流し込みます。ピザ用チーズをまんべんなく上にのせ、オーブントースターで焼き色がつくまで焼きます。

金箱に収められし重罪の宝

焼ききつねうどん

納豆のかわりに今回はうどんを油揚げに入れてみました。美味しさのコツは焼いてからだしに入れること。意味ないじゃんって思う人もいるかもしれませんが、焼くと風味が違うんです。皮もパリッとしますし。簡単ですが、料理した！という感じがします。おしゃれだし、恋人や家族に作ってあげると驚かれると思います。

材料

うどん　150g
油揚げ　1枚
水　200cc
白だし　大さじ2
酒　大さじ1
みりん　小さじ1
醤油　小さじ1/2
塩　少々
ごま油　小さじ1
かまぼこ　2切れ
長ネギ　1/5本

<作り方>

油揚げは熱湯でさっと洗います。油揚げをまな板にのせて、袋状にするために菜箸をころがしてはがれやすくします。半分に切って、切り口から皮が破れないようにそっと袋状になるように開いていきます。その中に3cmぐらいに切ったうどんをつめていきます。口は竹串で縫うように刺して閉じます。鍋に水、白だし、酒、みりん、醤油、塩少々を入れてひと煮立ちさせます。フライパンにごま油を熱して、油揚げを両面焼きつけます。こんがり焼き色がついたら、汁をはった器に盛り、かまぼこを浮かべ小口切りにした長ネギを散らします。

RECIPE
封印されし太陽の熱風
味噌煮込みうどん

これも言ってしまえば、うどんと肉や油揚げ、かまぼこなどの材料を土鍋に入れてフタをするだけ。誰でもできてしまう簡単料理です。ポイントは赤だし味噌を使うこと。独特の甘みと旨味が特徴で、普通の味噌とは違う味になります。普通の味噌だと味噌汁みたいになってしまって、味噌煮込みうどんになりません。作るのが簡単な分、味噌セレクトは重要です。

材料

うどん　200g
鶏モモ肉　80g
油揚げ　1/2枚
長ネギ　1/4本
水　250cc
白だし　大さじ1
みりん　大さじ1
赤だし味噌　大さじ1と1/2
タマゴ　1個

<作り方>

長ネギは斜め切り、油揚げは短冊切り、鶏モモ肉はひと口大に切ります。鍋に水と白だしと鶏モモ肉を入れてひと煮立ちさせます。味噌を溶き入れて、味を見ながらみりんを入れさらにひと煮立ちさせます。うどん、油揚げ、長ネギを入れて、タマゴを割り入れ、フタをして火を止めます。1分程蒸らして出来上がりです。

砕かれし地上の星々

うどんもんじゃ

写真を見てもらえばわかるように、ビールにとてもよく合うひと品です。だしには松茸のお吸い物を使いました。ひと袋入れてみて、それをベースに味をととのえるといいですよ。お金のないときでもできてしまうコスパ最高の料理です。それなのに見た目はおしゃれ。友だちに作ってあげてみせると驚くんじゃないですか。鉄板じゃなくてフライパンから直接食べるのも、いつも実践しています。まさに"鉄板"料理です。フライパンですが（笑）。

材料

うどん　100g
むきえび（冷凍）　50g
小麦粉　大さじ2
水　200cc
塩昆布　ひとつまみ
松茸の即席お吸い物　1袋
長ネギ　1本
桜えび　ひとつまみ
鰹節　適量
ごま油　大さじ1

＜作り方＞

ボウルに水、塩昆布、松茸の即席お吸い物の粉を入れてよくかき混ぜておきます。長ネギは小口切りに、うどんは1〜2cmぐらいのぶつ切りにしておきます。むきえびも大きかったら、細かく刻んでもいいと思います。先ほどのボウルに、全ての材料を投入してよく混ぜます。熱したフライパンにごま油を入れて、具材を流し入れます。強めの中火にして、表面がふつふつとしてきたら食べ頃です。

RECIPE

白銀の元に晒されし暗黒の事実

和風ミートソースうどん

大ヒット料理です。大ヒットがたくさんありますが、これはトップ5に入ります！ 味はスーパー美味しくてクセになります。和風ミートソース…、つまるところ肉味噌です。ショウガとひき肉、豆板醤を少し入れて赤だし味噌で味をととのえました。ネギも重要です。大量に入れました。うどんとからめて食べたときの風味が半端ないです。

材料

うどん　200g
ひき肉　100g
長ネギ　1本
ニンニク　1かけ
ショウガ　小さじ1
豆板醤　小さじ1/2
酒　大さじ1
砂糖　大さじ1/2
みりん　大さじ1
醤油　小さじ1/4
赤だし味噌　大さじ1
ごま油　小さじ1
塩　少々
粗びきコショウ　少々

＜作り方＞

長ネギは小口切りにしておきます。フライパンにごま油を熱してみじん切りにしたニンニク、ショウガを炒めます。香りが立ってきたら、中火でひき肉を炒めます。火が通ったら豆板醤を入れてよく炒りつけます。ここでよく火を通した方が辛みと香りが際立ちます。そこへ酒、砂糖、みりん、醤油、赤だし味噌を入れてさらによく炒め混ぜます。最後にネギを入れてひと混ぜすれば肉味噌の完成です。好みで塩、粗びきコショウをふります。茹でたうどんをよく湯切りして皿に盛りつけ、その上にミートソースのごとくのせて完成です。

0125

Photo Session

スタイリング／宇田川雄一
ヘアー＆メイクアップ／車谷 結
撮影／大塚秀美

ジ・オールド・サーカスのニット／2万5920円、ネックレス＜黒＞／2万7000円、ネックレス＜クロス＞／1万6200円（ジ・オールド・サーカス TEL：03-6277-2947）、キノのパンツ／3万6720円（キノインク TEL：03-6804-3893）、チービーのカットソー／4212円（チービー TEL：0568-68-7005）、Fobs×RADIO EVA×FACTOTUMのスニーカー／3万5640円（フットパンクスインターナショナル TEL：03-5830-2454）

Atonement　#07
CHICKEN

それは天が与えたもうた神々の食材。
その身から溢れでる良質の香りの脂は全ての物を彩る。
他を圧倒するその存在感は人類の肉欲（lust）を刺激し続けるのである。

奏でるは福音 嵐翠の訪れ

グリーンチキンカレー

スープカレー好きの自分にとって、タイカレーは、グリーンカレーもイエローカレーも大好きです。色どりもキレイですし。具はナスがよく合います。スープ系のカレーとナスを合わせるのは自分のなかでは常識です。これもペーストを混ぜるだけなので簡単。今回はペーストと牛乳で作りましたが、意外と辛いです。本格的にココナッツミルクを入れてあげるとまろやかになると思います。寒い時期にはぴったりです。火が通りやすい食材ばかりなので、あっというまに出来上がりますよ。

材料

グリーンカレーペースト　1袋
ニンニク　1かけ
ショウガ　1かけ
鶏ムネ肉　300g
ナス　2本
エノキダケ　1束
ピーマン　2個
牛乳（またはココナッツミルク）　400cc
鶏ガラスープ　300cc
桜えび　5g
サラダ油　大さじ2
こぶみかんの葉　4枚
砂糖　大さじ1

＜作り方＞

ナスは5mmの輪切りに、ピーマンは1cm幅の縦切り、エノキダケは石づきの部分を切り落とし小分けにしておきます。鶏ムネ肉はひと口大のそぎ切りに。熱したフライパンにサラダ油、みじん切りにしたニンニクとショウガを炒め、グリーンカレーペーストを加えて香りが出るまでさらに炒めます。牛乳を加えて煮立たせて、鶏肉、ナス、ピーマン、エノキダケを入れ、桜えび、こぶみかんの葉（なくてもOK）、鶏ガラスープを入れてさらに煮込みます。材料に火が通ったら、砂糖を加えて出来上がり。

0137

閉ざされし白銀の頂

ホワイトチキンカレー

簡単に言ってしまえばスパイシーなホワイトシチューです。クラムチャウダーっぽいんですが、シチューっぽくもあり、でも味はカレー寄りという感じ。人に作ってあげるとビビります。「え、シチュー作ったの？」と思わせつつ、でも食べるとカレー。これは面白いところですね。市販のシチューはパンチがないですが、スパイシーな方向に持っていけばパンチと美味さを出せます。

材料

ハインツホワイトソース　1缶
牛乳　300cc
タマネギ　1個
鶏モモ肉　300g
ジャガイモ　1個
ニンジン　1/2個
ブナシメジ　1/2パック
オリーブオイル　大さじ1
バター　10g
ニンニク　1かけ
ショウガ　1かけ
ガラムマサラ　適量
ローリエ　1枚
ナツメグ　適量
クミン　適量
ガーリックパウダー　適量
ホワイトペッパー　適量
塩　適量
ドライパセリ　適量

<作り方>

鶏モモ肉はひと口大に切っておきます。タマネギは薄切りに、ニンジン、ジャガイモは小さめの乱切りに、ブナシメジは石づきを切り、1本ずつほぐしておきます。フライパンにオリーブオイル、バター、みじん切りにしたニンニク、ショウガを入れ、弱火で炒めて香りを出します。タマネギをしんなり透明になるまで炒めたら、ガラムマサラ、ナツメグ、クミン、ガーリックパウダー、ホワイトペッパーを入れて一緒によく炒め香りを出します。鶏肉を加えて、塩をふります。鶏肉に火が通ったら、野菜を加えてさらに炒めます。別の鍋にホワイトソース缶と牛乳を入れてよくなじませ火にかけます。ガラムマサラ、ガーリックパウダー、ホワイトペッパー、ローリエを入れ、煮立ってきたら炒めた具材をホワイトソースの鍋に移し入れ、野菜が柔らかくなったら出来上がり。

憤怒包まれし欲望の塊

ケチャップチキン

定番メニューです。ケチャップはいい調味料。もとはトマトなので、つけすぎても不健康な感じがしないので大好きです。多少分量が違ってもあまり味に影響が出ません。ざっくばらんに作れるので、急いでいる時は普通にこれだけで終わってしまいます。鶏肉に小麦粉をふって焼くと後でとろみがつきます。そのふわふわ感とジューシー感がマッチした料理です。

材料

鶏モモ肉　80g
タマネギ　1/4個
ニンニク　1かけ
塩　少々
コショウ　少々
小麦粉　適量
ごま油　大さじ1
白だし　小さじ1
ケチャップ　大さじ3
酒　大さじ1
タバスコ　3滴

＜作り方＞

鶏モモ肉はフォークで皮目に穴を開けてからひと口大に切ります。タマネギは粗みじん切り、ニンニクは皮をむいてからみじん切りにしておきます。ひと口大に切った鶏肉に塩、コショウで軽く下味をつけ、小麦粉を薄くまぶして余分な粉をはたいて落とします。フライパンにごま油、ニンニク、タマネギを入れ、中火にかけながら、ニンニクの香りを油にじっくり移していきます。鶏肉を入れ、全面をまんべんなく焼き、焼き色がついたらフタをして弱火で蒸し焼きにします。白だし、ケチャップ、酒、タバスコを混ぜ、合わせ調味料を作っておきます。鶏肉に火が通ったら合わせ調味料をかけ、全体に味をからめます。皿に野菜を敷き、鶏肉を盛りつけます。辛いのが苦手な人はタバスコを入れなくてもいいでしょう。

0141

RECIPE

引き裂かれし運命の再会

焼き鳥缶詰の親子丼

これは簡単時短なひと品。タレ味の焼き鳥缶を使った親子丼です。缶詰とタマゴを用意しておけばいいんですから。あと、焼き鳥缶はとにかく安い！ コスパ王ですね。タレがそのまま汁になるので、味つけもしなくてOKなのですよ。塩味の焼き鳥缶も試しましたが、こちらも美味い。なくても何とかなりますが、長ネギはあったほうが断然いいですよ。

材料

焼き鳥の缶詰（タレ味） 1缶
水　45cc
長ネギ　1/5本
タマゴ　1個
ご飯　茶碗1杯

＜作り方＞

長ネギは斜め薄切りにします。タマゴは溶きほぐしておきます。白身が少し残るくらい軽く溶きほぐすのがポイント。親子鍋（親子丼を作るための持ち手が上についた鍋）に水と焼き鳥缶をタレごと入れ、火にかけます。タレを水に溶かすようにして混ぜながら煮立たせます。煮立ったら長ネギを加え、タマゴを全体に回しかけたらすぐにフタをして蒸らします。タマゴが半熟状態になったら、すばやく茶碗に盛ったご飯の上に滑らせるようにのせて出来上がり。長ネギは青い部分を入れると色どりがきれいです。親子鍋がない場合は小さめのフライパンでもOK。

RECIPE

ラストエンハンスドラゴンズディナー

チキンガーリックステーキ

ここぞとばかりにニンニクをたくさん使いました。ニンニクのすごいところは元気になることと、風味が最高に食欲をそそるところ。どんな調味料よりも美味しく仕上がります。食べた後のことさえ考えなければ、ニンニクは最強の調味料。デートはできなくなりますが、その代償として最強の味を得るという等価交換。炒めている時から美味しそうな匂いが漂って、幸せを感じるはずです。

材料

鶏ムネ肉（皮つき）　1枚
ニンニク　4かけ
ジャガイモ　1/4個
アスパラガス　1/2本
シシトウ　3本
オリーブオイル　大さじ3
塩　少々
コショウ　少々

<作り方>

鶏ムネ肉は皮目にフォークで穴を開け、ちぢまないよう筋に切り込みを入れます。塩、コショウをふり、下味をつけておきます。ニンニクは皮をむいて薄くスライスし、つまようじなどで芯を抜いておきます。フライパンにオリーブオイルとニンニクを入れて火にかけ、中火でじっくりと油にニンニクの香りを移していきます。ニンニクがきつね色になったら鶏肉を皮目を下にして焼きます。皮目に焼き色がついたらひっくり返してもう片面を焼きます。フライパンのすき間にジャガイモ、アスパラガス、シシトウを入れて一緒に焼きます。火が通ったら塩、コショウで味つけして完成です。皿に鶏肉を盛り、つけ合わせの野菜を脇にのせ、きつね色になったニンニクスライスを上にのせます。

RECIPE

掬い上げる一時の幸福

鶏肉のお雑煮

北海道というか、わが家の雑煮です。たぶん、北海道風の雑煮ではないと思います。やることはいたって簡単。だしを作って鶏肉を入れて煮るだけなので、この料理はだしを作ることに命を賭けてください。ここでも白だしがいい仕事をしてくれています。そこに鶏肉を入れて煮込むことによって、鶏肉からエキスが存分に出てくるわけです。それがまた美味い。撮影で作ったのにもかかわらず、家に帰っても速攻作りました。だしが美味くなりすぎて実家の味を超えましたね。

材料

鶏肉（ムネ肉でもモモ肉でもOK）　50g
水　250cc
白だし　大さじ1
酒　小さじ1
みりん　小さじ1
しょう油　小さじ1
塩　少々
もち　1個
ミツバ　少々
長ネギ　5cm

<作り方>

鶏肉は1cm角に切ります。ミツバは葉先をつんでおきます。長ネギは縦半分に切り、中の芯をとり、ごく細くせん切りにして水にさらし、白髪ネギを作っておきます。土鍋に水、白だし、酒、みりん、しょう油を入れ中火にかけます。煮立ったら鶏肉を加え、火を通します。もちをオーブントースターで軽く焼き目がつくまで焼きます。鶏肉に火が通ったら味を見て、塩少々で味をととのえます。器に汁と鶏肉を入れ、焼いたもちを入れてミツバと白髪ネギを浮かべたら出来上がり。

RECIPE

天空雲を纏いし黄龍の煌き

イエローチキンカレーうどん

これは簡単すぎます。缶詰を開けて鍋に入れるだけですから、何を苦労したのかわからない。スープカレーっぽくて驚きの美味さですよ。イエロータイカレー缶、ヤバいです。でも、だしはきちんと作りました。だしさえちゃんと入れれば、自分のオリジナル料理として確立できます。カレー系の缶詰は全部当たりなので、家に何個か置いておくと使えます。種類もいろいろあるので、自分に合ったものを見つけてください。

材料

いなば　チキンとタイカレー（イエロー）　1缶
うどん　1袋
水　250cc
白だし　大さじ2
酒　大さじ1
みりん　小さじ1
塩　少々

＜作り方＞

うどんは袋のまま電子レンジ（600w）で1分半加熱して、袋から出してほぐしておきます。土鍋に水を入れ、沸騰したら白だし、酒、みりんを加えて味を見ます。味が薄いようでしたら塩少々を加えますが、あとでカレーを加えることを考えて、少し薄めに味つけしてください。うどんを加えて1～2分煮込み、チキンとタイカレー（イエロー）を加えてさらに煮込みます。最後に味を見て、塩少々で味をととのえます。白だし、酒、みりんの代わりに、市販のめんつゆやほんだしを表示の量より薄めて使ってもOK。

0149

Guitar Player
KIKKUN-MK-II
PHOTO／HIDEMI OTSUKA

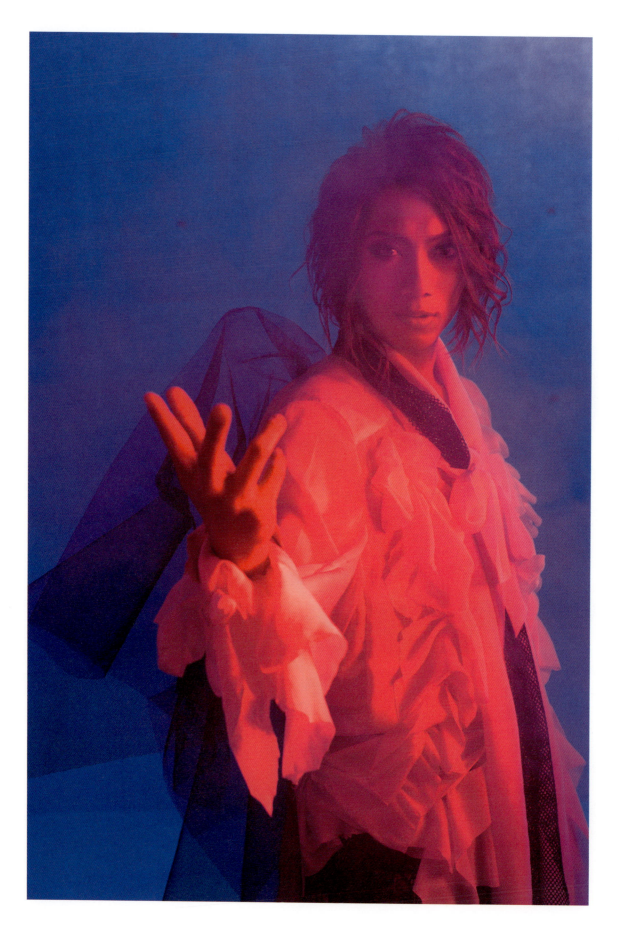

Epilogue

再びこの世に降臨した漆黒の堕天使的存在、
それはまた役目を終え消えていってしまった…。
古に伝わりし光と闇の創世の記録、
物語は第一章から第二章へと紡がれていく…。
堕天使的存在を、また我々は目にする事があるのか？
それは天界の神のみぞ知る…。

M.S.S Project special

堕天使のレシピ - 七つの大罪 -

KIKKUN-MK-Ⅱ

2015年12月31日　初版発行
発行人／平野健一
編集人／浅川トオル
印刷・製本／株式会社廣済堂
発行所／株式会社 徳間書店
〒105-8055 東京都港区芝大門2-2-1
電話03-5403-4385（編集）
048-451-5960（販売）

-Producer-
TORU Asakawa

-Photographer-
HIDEMI Ohtsuka
SEiJI Asano

-Stylist-
MAMI Ito
YUICHI Udagawa

-Hair&Make-up Artist-
YUI Kurumatani

Cooking Coordinator
AKIKO Murayama　ARIKO Takatani

Art DIrection&Design Works
TORU Asakawa

Special Thanks
M.S.S Projrct
YASUYUKI Watanabe

記事内の価格表記は例外を除き税込み金額です。
乱丁・落丁はおとりかえ致します。
本書のコピー、スキャン、デジタル化等の無断複製は
著作権法上の例外を除き禁じられています。

© TOKUMA SHOTEN 2015 Printed in Japan

Fallen Angel
KIKKUN-MK-II
M.S.S Project